AF268296

1576
510

RÉFLEXIONS

SUR LE

GOUVERNEMENT RÉPUBLICAIN

Par A. DUBOIS

Doyen d'âge des Avocats du Puy (Haute-Loire)

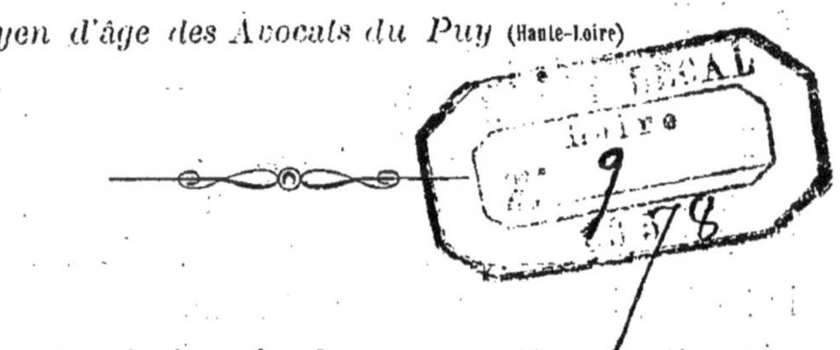

Nous éprouvons le besoin de poser cette question :

Le gouvernement de la République est-il le gouvernement légitime, juste et raisonnable, devant constituer le bonheur réel des peuples ?

Oui ! Puisque c'est le gouvernement de tous et pour tous : Gouvernement qui garantit l'avenir heureux de tous les citoyens, sans autres priviléges et prérogatives que celles du mérite et des vertus civiques et avec une parfaite égalité ; Gouvernement qui ouvre à tous la lutte glorieuse de conquérir, par le mérite, les suffrages de leurs concitoyens, afin d'arriver à l'honneur d'administrer les fonctions de la République.

Tout autre gouvernement, au contraire, est celui des

priviléges, des prérogatives pour quelques-uns et, partant, d'exclusion pour les autres qui, par ce moyen, anéantit toute heureuse ambition d'arriver aux perfections humaines, puisque cette noble conquête n'aboutit à rien autre chose qu'à les laisser dans la classe des *parias* et, comme l'a dit M. Thiers en 1848, de la vile multitude payante et asservie.

Toute l'administration des gouvernements antirépublicains n'est-elle pas réservée aux êtres des castes privilégiées, aux lâchetés vénales de l'ignoble courtisannerie?

Pourquoi donc ce précieux gouvernement républicain, seul digne de l'homme, seul digne des peuples, a-t-il été essayé tant de fois et toujours sans succès?

La République est-elle un gouvernement sans consistance? Est-elle une végétation sans racines vivaces? Est-elle un enfant non né viable? Non, certes, loin de là! C'est le gouvernement qui doit régner en souverain sur la ruine de tous les autres, étant le gouvernement de la justice, des mêmes prérogatives pour tous et la disparution de tout privilége autre que celui du mérite réel; c'est le gouvernement de la liberté, de la vérité, de l'honneur pour le genre humain tout entier.

Pourquoi donc cette République, seule bienfaitrice, seule indispensable à la félicité de l'espèce humaine, a-t-elle été tant de fois tentée, sans pouvoir lui donner une existence viable?

A peine venue au monde, elle rentre dans le néant, au souffle destructeur de l'égoïsme, de l'ambition, du despotisme, de l'ignorance abrutissante de tous les genres de cléricalisme qui ne peuvent souffrir la République. Et elles ont raison toutes ces tristes concrétions :

car cette vaillante créatrice du bonheur du genre humain est leur mort-aux-rats.

La réponse à toutes ces éphémérides des aberrations humaines est bien facile à faire. C'est que tous ces fondateurs de République n'ont pas compris ou n'ont pas voulu lui donner ses vrais principes organiques et constitutifs qui eussent assuré une existence imprescriptible.

Ce que nous allons tâcher de démontrer.

Les hommes sont-ils produits par la nature pour servir de pâture aux caprices, aux fantaisies d'un seul d'entre eux ? Evidemment non. L'imbécillité ou l'abrutissement pourrait seul soutenir le contraire. La masse des hommes, voilà donc incontestablement le maître.

A toute réunion d'hommes, il faut un ordre, une administration. Chaque homme ne peut pas, individuellement, s'attribuer cette administration selon sa seule volonté. C'est évident; car ce serait alors le véritable chaos. Il faut que cette administration soit établie par la volonté libre et sans fourberie de tous les membres de cette réunion. Voilà le suffrage universel établi.

Le suffrage universel est-il le souverain? Non. Ce n'est que le produit de la volonté générale des citoyens. L'ensemble des citoyens, voilà le maître incontestable. Le peuple qui compose un Etat est donc le véritable maître.

La majorité, en nombre, du suffrage universel entraîne et domine la minorité, laquelle doit se soumettre, sous peine de ne pas pouvoir arriver à une administration possible, puisqu'il est naturellement à peu près impossible d'attendre l'unanimité sur chaque point soumis au vote de tous les citoyens.

Puisque le peuple est le maître suprême, tout fonctionnaire de la République, quel qu'il soit, n'est et ne peut être que l'employé du maitre. Ces fonctionnaires ne peuvent avoir d'autre droit légal que celui pour lequel ils ont été désignés. Le droit d'élection à toute fonction appartient exclusivement au maitre suprême.

Le peuple étant le souverain, à lui seul appartient le droit de récompenser ou de punir ses fonctionnaires, selon qu'ils se seront bien ou mal comportés dans l'exercice de leurs fonctions. Dès lors, tout électeur est en droit de leur demander compte de la manière dont ils auront administré la fonction à eux confiée, par la raison que tout mandataire est comptable à l'égard de son mandant.

Par ce moyen toute lâche vénalité est impossible, tout moyen de corruption étant ravi au fonctionnaire quel qu'il soit ; toute infidélité dans l'exercice des fonctions entrainant sa peine.

Le peuple souverain ayant nommé, par son suffrage, une Assemblée de Représentants pour administrer ses affaires, a-t-il besoin d'un Sénat, d'un Président de République ?

. . . .

. . . .

La volonté suprême du peuple n'a pas besoin de président pour lui servir de menin. Il peut marcher seul, et ses Représentants n'ont pas besoin de licou pour les guider ou les arrêter. Toutes ces inventions de l'imbécillité n'ont été créées que pour entraver la marche de la République ou pour la détruire : témoins 1851 et 1852, et le 16 mai 1877. Le maitre n'a pas besoin d'autre président que lui-même.

Les mandataires du peuple doivent élaborer une constitution et des lois utiles, nécessaires au maintien de la République et à l'avantage des citoyens, et soumettre le tout à la sanction légale du suffrage universel.

Les mandataires du peuple peuvent-ils faire, de leur autorité privée, une constitution et des lois tendant à s'attribuer, à eux seuls, le droit de se transformer en maîtres souverains? De faire du peuple la pâture de leurs caprices, de leur ambition, de leur despotisme? De laisser à l'un d'eux ou d'aider cet individu à se rendre le maître suprême de tous les citoyens? De dissiper, à son gré, l'argent du peuple et faire couler son sang? De faire et défaire, selon sa volonté, et constitution et lois? D'établir, de détruire des corps d'Etat? De salarier qui lui plaira et au chiffre qu'il voudra, aux dépens du peuple? De punir, de bannir qui bon lui semblera?

Enoncer de pareilles excentricités, c'est répudier toute dignité, toute qualité d'homme!

Les mandataires du suffrage universel peuvent-ils se persuader que le peuple leur a abandonné la souveraineté du pouvoir du maître? Non! Tout ce qu'ils font doit être soumis à la vérification et à l'approbation du suffrage du peuple; c'est lui qui doit donner la sanction légale.

Si les mandataires s'avisent de créer d'autres pouvoirs pour contrebalancer l'autorité de l'Assemblée nationale, tels que: commissions mixtes, états de siége, dictateurs, etc., s'ils s'attribuent toutes ces élucubrations sans la volonté du peuple, ce n'est plus une administration légale, c'est une trahison, une révolte contre l'Etat, un crime de lèse-souveraineté du peuple, passible des peines infligées à tout traître à la Nation, à tout oubli des devoirs que tout fonctionnaire doit remplir avec loyauté.

Accorder ou laisser prendre à un fonctionnaire la souveraineté de disposer, à son gré, de l'argent de la Nation, du sang du peuple, de confier à son seul commandement tous les sabres, toutes les baïonnettes de la Nation : n'est-ce pas enfanter l'anéantissement de tout gouvernement républicain, c'est-à-dire de toute justice, de tout honneur, de tout avenir heureux du genre humain, pour ouvrir une large porte à l'ambition, à l'orgueil de la domination ? Comment s'étonner après cela de l'existence éphémère de la République, de ce gouvernement de l'honneur, des vertus civiques et du bonheur des hommes?

Pour que la République soit fondée sur des bases solides, inébranlables, éternelles comme l'existence des peuples, il faut que nul fonctionnaire n'aie le droit de pouvoir séduire, corrompre ou effrayer, par sa puissance, aucun de ses frères membre de la République ; qu'il n'aie le droit de disposer, à son gré, de l'argent des contribuables, pour salarier ses complaisants, leur accorder croix d'honneur, leur distribuer, à satiété, et pensions, et titres, et places lucratives ; de châtier, punir, briser quiconque peut lui déplaire. Toutes ces suprêmes prérogatives doivent rester vierges dans les mains du souverain réel : le Peuple.

Tout ce que peut et doit faire un fonctionnaire public, c'est de signaler à la juridiction du maître le citoyen politique oublieux de ses devoirs de membre de la République, ou de lui révéler les mérites tranchants du digne citoyen. Au maître alors le droit de distribuer ou peines ou récompenses, selon les mérites.

Une république établie sur de pareilles bases sera infailliblement inébranlable. Tous ses fonctionnaires seront forcés de remplir dignement leurs devoirs, sans

pouvoir laisser pénétrer dans leur âme une pensée mal-
veillante, car elle leur serait nécessairement funeste.
Ils auront tous le droit de faire le bien, mais de dévier,
jamais! mais de concussionner, jamais!

Avec cette république, toute puissance du sabre est
au peuple ; pas d'autre sabre que celui de la garde nationale. Il est juste que le peuple soit lui-même le gar-
dien de son gouvernement, sans autre sabre étranger,
foyer éternel d'antagonismes, de troubles, de désordres,
de sang.

La niaiserie irréfléchie pourrait nous dire : « L'état
militaire établi selon l'usage étant aboli, ce peuple se
trouvera livré, sans défense, à l'ambition du premier
occupant qui voudra s'en emparer. »

Un pareil danger est trop en dehors de la raison pour
ne pas solliciter le sourire du ridicule.

Quoi! un peuple comme le peuple Français, par exem-
ple, tremblerait avec 20 ou 30 millions de vaillants défenseurs de leur propre constitution qui leur plaît, qui
assure leur liberté, leur bonheur, tremblerait, disons-
nous, devant 5 à 600 mille esclaves servant, malgré eux,
la tyrannie qui les opprime, qui les fait soldats par force,
qui sont insouciants au succès ou à la ruine de leur
tyran? Quoi! ces mercenaires feraient peur à tant de
valeureux défenseurs de leur bonheur créé par eux?
Ces vaillants héros, dont chacun vaudrait dix soldats de
la vénalité, subiraient les fourches caudines de l'escla-
vage? Allons donc! Croit-on parler à des hannetons!

Ah! l'imprudent imbécile qui oserait tenter une pa-
reille folie recevrait une leçon qui lui ôterait, pour
jamais, l'envie d'y revenir.

Dans une assemblée législative d'un peuple, pourquoi

ces distinctions de droite, de gauche, de centre droit, de centre gauche, etc.? C'est vouloir établir un foyer toujours renaissant, toujours brûlant d'antagonisme, d'amour-propre, de présomption, d'orgueil personnel.

Une proposition d'un membre de la gauche sera repoussée ou dédaigneusement écoutée par la droite, sans autre motif que l'esprit de place occupée par les membres de cette assemblée. La proposition des droites subira le même sort de la part des occupants des autres places et à peu près par les mêmes motifs. L'esprit d'intrigue étiolé absorbera la majeure partie des séances de l'assemblée par des futilités tout au moins ridicules, si non inconvenantes ou grotesques, au détriment d'un devoir bien plus important, bien plus grandiose : celui de s'occuper des travaux utiles au gouvernement qui les a élus, sans toutes ces niaiseries de personnalités.

Dans toute assemblée de représentants d'un peuple, il ne doit y avoir ni droite ni gauche, mais des fonctionnaires animés de l'honneur de méditer, de préparer des lois nécessaires au bien-être des citoyens, avec toute la franchise et toute l'intelligence que peut inspirer la bonne foi et la sagesse de la raison.

Une république basée sur une telle constitution et avec des lois si judicieusement élaborées et soumises à la sanction légale du suffrage universel, sera évidemment scellée à la durée indélimitée du peuple qui se la sera donnée.

Observons aussi de fixer la durée des fonctions de tous les élus au plus court délai possible, sans nuire à l'administration. Toute durée trop prolongée, outre qu'elle décourage la noble émulation des citoyens à la concurrence, elle favorise les mauvaises inspirations des fonctionnaires à trouver des moyens de s'en faire des priviléges durables pour leur personne ; de miner et de détruire la liberté égalitaire des autres citoyens, au noble espoir de concourir, à leur tour, au soutien et à l'administration de la République.

Pour honorer ce gouvernement et ses fonctionnaires, disons que toute fonction de la République étant un honneur pour le citoyen élu, tout honoraire, toute rétribution, tout émolument est un affront, une injure au fonctionnaire.

Tout salaire est une livrée de servilisme, de valetage. La République n'a que faire de la lâche vénalité de la glèbe servile ; elle n'a besoin que de fonctionnaires mus par le seul désir de remplir noblement et dignement les devoirs des fonctions que le suffrage de leurs concitoyens leur a confiées.

Pourquoi fatiguer les contribuables, pour donner des salaires à des citoyens si glorieusement récompensés par l'honneur de leur élection ? A moins que l'élu n'aie besoin de son temps et de son industrie pour vivre et élever sa famille. Dans ce cas, la République doit lui rendre le sacrifice que ce citoyen lui fait pour la servir. La République est la mère de tous ses enfants et jamais la marâtre.

Une dernière observation à la suite de ce modeste exposé de la véritable démocratie, gouvernement seul capable d'assurer la paix, le bonheur et l'honneur du genre humain tout entier :

Pourquoi choisir Versailles pour y fixer le lieu de résidence des séances des élus du soi-disant suffrage universel, du peuple souverain, suivant le décret du 4 septembre 1870 ?

Deux motifs se présentent :

D'abord celui qui a inspiré la majorité ou la droite de

cette peu regrettée, encore moins regrettable Chambre de 1871. Cette majorité, produit de toutes les hypocrisies cléricales, croyait voir dans le sabre prussien un puissant auxiliaire pour favoriser ses vœux d'anéantissement de cette maudite République, de cette heureuse créatrice de l'avenir heureux des peuples. Elle a cru donner un témoignage d'estime à ses prétendus amis, les Prussiens, en allant leur succéder sur ces parquets encore empreints des bottes dominatrices prussiennes ; puis elle a voulu s'éloigner du centre capital du peuple français et de sa fatale République, qu'elle regardait comme ses ennemis et dont elle tremblait de frayeur de les sentir près d'elle et autour d'elle.

Versailles, outre qu'elle était un refuge contre cette fièvre panique, lui permettait plus d'espoir d'anéantir cette jeune République, qu'elle brûlait d'étouffer dans les langes de son berceau. Nous comprenons ce motif attracteur pour cette triste, pour ne pas dire fatale majorité.

Mais que les élus, amis d'un peuple ami, fuient le centre capital de ce peuple ami, pour suivre les traces d'une ex-majorité plus ennemie de la France que les troupes prussiennes, cela nous paraîtrait un contre-sens si un motif valable ne venait justifier cette aberration du bon sens.

Cet éloignement des séances des élus d'un peuple ami et de sa capitale se comprend comme remerciement du sabre prussien, qui a rendu un immense service au peuple français en délivrant la France du joug ignominieux d'un Napoléon, se disant III, forçat en rupture de ban, imposé à la France par le goupillon bénit ou maudit du cléricalisme, mais dont le peuple français a été délivré à Sedan par la main puissante prussienne.

Seulement cette main libératrice a fait payer trop cher à un peuple ami son bienheureux service, ce qui en ternit le mérite et l'éclat.

Ce motif là vaut mieux que celui de la majorité de l'Assemblée de 1871 et de son néfaste Sénat, malgré sa maigre Constitution et le reste.

A. DUBOIS.

RÉFLEXIONS

SUR LE

RADICALISME POLITIQUE

Latent ou Patent

En fait de politique, il y a autant de radicalismes qu'il y a de partis divers.

Il y a le radicalisme royal, ou de droit divin, témoin ces prétentions d'une suffisance extrême du Roi-Soleil : « L'Etat, c'est moi ! » c'est-à-dire ma volonté seule, ou celle de mes maîtresses, voilà l'unique loi !

Tous les citoyens de mes Etats ne sont comptés que pour me donner leur argent et leur sang au gré de mes caprices !

Oserait-on contester ce radicalisme ?

Il y a le radicalisme clérical : témoin l'inquisition et toutes ces Saint-Barthélemy qui ont porté le ravage et la mort sur toutes les plages du globe, le tout couronné par ce commandement :

> Les excommuniés tu fuiras
> Et les dénonceras expressément !

C'est-à-dire : « *Sic volo, sic jubeo, sit pro ratione voluntas* : Ma volonté, mes caprices, voilà tout ! »

Voilà bien du radicalisme ; ou alors il n'en existe pas.

Il y a radicalisme impérial ; témoin le Deux-Décembre,

tous ces décembrisards, toutes ces fusillades, toutes ces casemates, toutes ces incarcérations, tous ces bannissements, toutes ces déportations, tous ces états de siége, toutes ces exécutions militaires, toutes ces commissions mixtes pour détruire les droits imprescriptibles de l'homme et du citoyen ; le tout couronné par cette exclamation d'une satisfaction bestialement sauvage : « Le monstre est abattu ; la France est sauvée ! » C'est-à-dire, tout droit, tout honneur, toute vérité, toute raison, toute vertu sont anéantis. Au crime seul appartient la France !

Ne sont-ce pas là des radicalismes, nous le demandons ?

Le gouvernement républicain a aussi son radicalisme : mais ce radicalisme-là est celui des principes qui posent les bases indestructibles du bonheur des peuples ; qui leur assurent la possession paisible de leurs travaux, de leurs sueurs, de leur industrie, sans se les voir ravir, pour gorger l'égoïsme glacé, l'immoralité répulsive, le despotisme sanguinaire et abruti, en laissant au peuple sa suprême souveraineté.

Ce radicalisme veut faire disparaître, de la surface de la terre, cette imbécillité idiote de livrer à un seul individu, ou à des fonctionnaires quelconques, le droit ridicule de révoquer, de détruire, d'anéantir, selon leur fantaisie, tout ce qui peut déplaire à leur égoïsme, à leur ambition ; ou de solder, à satiété, qui bon leur semble, et cela aux frais des peuples ; d'établir des autorités, des mandataires, à leur guise, et toujours hostiles au bien-être, au repos, à la liberté des citoyens.

Oui, le radicalisme républicain veut que les deniers du peuple soient ménagés avec avarice ; qu'ils ne soient employés qu'à leur prospérité, à leur bien-être ; que leur liberté soit inviolable et sacrée pour toute administration que ce soit, autre que la suprême décision du maître, par le suffrage universel, en cas de culpabilité de l'individu.

Sous une telle administration, ce principe de moralité humaine est mis en pratique : « Quiconque porte un préjudice à son semblable est tenu de le réparer, sous peine de perdre sa qualité d'honnête homme. Ne fais pas aux autres ce que tu ne voudrais pas qui te fût fait à toi-même. »

Le radicalisme républicain est véritablement le *palladium* de la félicité des peuples ; puisque chacun n'a qu'une seule pensée, qu'une seule inspiration, qu'une seule ambition : travailler au bonheur commun, repoussant de son cœur toute personnalité égoïste, parce qu'il est assuré de trouver son bien-être personnel dans la félicité commune.

Le radicalisme républicain est le seul gouvernement digne de l'homme, seul digne de la raison et de l'honneur du genre humain.

Avec lui, plus de pouvoir individuel pour faire le mal; plus de dilapidations fantaisistes de l'argent des travailleurs; plus de tracasseries de partis pour troubler la paix, la liberté et la sécurité publiques ; plus de larmes arrachées aux yeux paternels et maternels, en se voyant ravir leurs enfants, pour aller les faire égorger par les caprices ambitieux du hideux despotisme.

Tout sabre civique ne doit obéir qu'à la volonté du maître, le peuple, ou aux élus du suffrage universel, et à la plus courte durée, toujours sous l'approbation du maître : par la raison que le peuple souverain doit être le juge suprême dans tout ce qui touche sa constitution et ses intérêts. Et le sang de ses frères est trop précieux pour le livrer, sans nécessité, à la férocité égoïste du despotisme, ou à l'extravagance de la folie.

Oui, le radicalisme républicain est fait pour survivre à la ruine de tous les gouvernements monarchiques, seuls inventés pour les malheurs du genre humain ; car le radicalisme républicain seul doit faire régner, sur la terre, la prospérité et la félicité des peuples.

Nous comprenons pourquoi un pareil radicalisme est repoussé, avec férocité, par l'égoïsme, par l'ambition, par le despotisme et l'abrutissant fanatisme ; car il est la mort-aux-rats de toutes ces calamités humaines ; mais que des républicains réels ou prétendus le regardent d'un air effaré comme fait l'enfance aux récits fantastiques du loup-garou ou de Croquemitaine, cela nous paraîtrait surprenant, si nous n'étions persuadé que, pour de pareils républicains, le mot de République sonne assez agréablement à leur oreille, mais sans en bien comprendre la portée. Alors nous prierions comme Jésus sur sa croix du mont Golgotha : « Pardonnez leur, Seigneur, car ils ne savent pas très-bien ce qu'ils disent, ce qu'ils font ! »

Mais, dit-on, il faut arriver au progrès petit à petit. Il faut établir, le plus lentement possible, les bases vraiment constitutives de la félicité, de la prospérité, de la véritable liberté des peuples. Il faut laisser subsister, le plus longtemps que l'on pourra, toutes les intrigues, toutes les duperies, toutes les spoliations, toutes les tyrannies de tous les despotismes !

En d'autres termes, c'est vouloir continuer ce singulier système : « Ote-toi que je m'y mette. Ta place, largement salariée et abondamment fournie de puissance écrasante pour fouler, à ma guise, mes semblables, mes concitoyens, convient trop bien à mon égoïsme, à ma ladre avarice, à mon présomptueux orgueil ! »

Sous ce point de vue-là, nous comprenons très-bien le répulsif éloignement pour le radicalisme républicain, de ce sanctuaire sacré de la bienfaisance pour tous, et de l'anéantissement de tout privilége, de tout égoïsme personnel.

Mais alors, le peuple n'est-il pas en droit de laisser échapper de sa poitrine attristée ce désespérant soupir: « Que m'importe que je sois gouverné par le royalisme, par l'impérialisme, par le cléricalisme ou par le mot de République ; puisque, dans tous les cas, je suis toujours spolié, écrasé, torturé sans espoir possible d'un avenir meilleur? Je ne suis toujours que la victime éternelle! » Pourquoi donc reléguer indéfiniment l'établissement de ce *palladium* de la bienfaisance universelle des peuples, pour tolérer les abus de la vicialité anti-républicaine?

Les ennemis de la République ne se gênent pas, eux, pour détruire et République et républicains, pour réduire à néant l'avenir heureux de l'humanité toute entière.

Que les cœurs nobles et généreux qui veulent la République posent enfin ces principes qui briseront à jamais toutes les récalcitrantes oppositions de l'égoïsme sans cœur, en les réduisant dans l'impuissance d'agir. Qu'on laisse au suffrage universel l'argent du peuple pour récompenser le mérite, et le glaive de la puissance judiciaire pour punir les coupables. Alors le triomphe de la justice, de la raison, de la paix universelle sera assuré! Alors les hommes seront heureux d'être hommes. Ils ne formeront tous qu'un peuple, qu'une immense société d'amis !

Pourvu que nous ne soyons pas obligé de diré avec le spirituel chansonnier Béranger :

Celles-ci sont pour l'an trois mil, ainsi soit-il !

A. DUBOIS.

St-Etienne, imp. J. Besseyre et Cie.